Cee Neudert • Usch Luhn

Einhorn- und Feengeschichten
zum Lesenlernen

Mit Bildern von Julia Gerigk und
Betina Gotzen-Beek

Ravensburger

Bibliografische Information der Deutschen Nationalbibliothek:

Die Deutsche Nationalbibliothek verzeichnet diese Publikation
in der Deutschen Nationalbibliografie.
Detaillierte bibliografische Daten sind im Internet
über http://dnb.d-nb.de abrufbar.

1 3 5 4 2

Ravensburger Leserabe
Diese Ausgabe enthält die Bände
„Rosa und das Einhorn" von Cee Neudert
mit Illustrationen von Julia Gerigk,
„Unterwegs im Feenland" von Usch Luhn
mit Illustrationen von Betina Gotzen-Beek.
© 2018, 2017 Ravensburger Verlag GmbH

© 2024 Ravensburger Verlag GmbH
Postfach 2460, 88194 Ravensburg
für die vorliegende Ausgabe

Umschlagbild: Julia Gerigk
Konzept Leserätsel: Dr. Birgitta Reddig-Korn
Printed in Germany
ISBN 978-3-473-46357-2

ravensburger.com
www.leserabe.de

Inhalt

Rosa und das Einhorn 6

Klebe nach jeder gelesenen Geschichte
einen Stern-Sticker in dein Bild!
Das Bild zur Geschichte findest
du auf Seite 46/47.

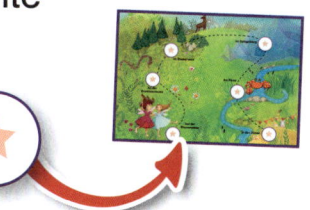

Unterwegs im Feenland 48

Klebe nach jeder gelesenen Geschichte
einen Stern-Sticker in dein Bild!
Das Bild zur Geschichte findest
du auf Seite 88/89.

Nach den Leserätseln kannst du
einen Leseraben-Sticker einkleben!

Viel Spaß
beim Lesen, Rätseln und Stickern!

Cee Neudert

Rosa und das Einhorn

Mit Bildern von Julia Gerigk

Inhalt

Rosa und das kleine Einhorn

Rosa ist eine Prinzessin.
Sie spielt gern im Garten.
Dort gibt es viel zu entdecken!

Das kleine Einhorn
hat sich verlaufen.
Es sucht seine Eltern.

Im Garten

Rosa spielt im Garten.
Da raschelt es.
Was kann das sein?

Rosa sieht sich um.
Ein weißes Tier versteckt sich
zwischen den Blumen.
Ist das ein Pony?

„Hallo!", ruft Rosa leise.
„Komm raus! Ich tu dir nichts!"

Sie biegt die Blüten beiseite
und entdeckt –
ein kleines Einhorn!

Ängstlich sieht es Rosa an.
„Ich hab mich verirrt!", wiehert es.
„Jetzt weiß ich nicht mehr,
wo Mama und Papa sind!"

Dem kleinen Einhorn
tropft eine Träne aus dem Auge.

„Nicht weinen!", tröstet Rosa.
„Wir suchen deine Eltern.
Ich helfe dir."
„Danke", schnieft das Einhorn.

Leserabe
Leserätsel

Wer hat sich hinter den Blumen versteckt?

Bringe die Buchstaben in die richtige Reihenfolge!

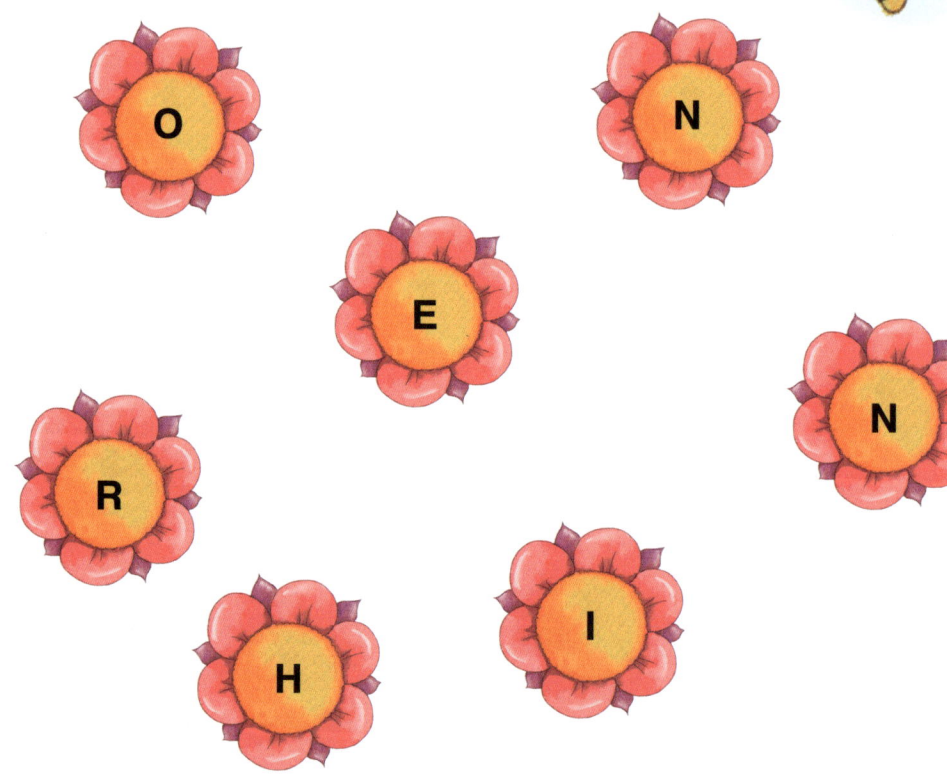

Lösung: ☐ ☐ ☐ ☐ ☐ ☐ ☐

Wen wollen Rosa und das Einhorn suchen?

Folge den Linien!

T	E	E	L	R	N

Im Wald

Als Erstes suchen Rosa
und das kleine Einhorn im Wald.
„Mama? Papa?", ruft das Einhorn.

Rosa war schon oft im Wald.
Aber ein Einhorn
hat sie hier noch nie gesehen.
Einhörner sind scheu!

Plötzlich sieht Rosa
einen hellen Schimmer
zwischen den Bäumen.

Vor ihnen steht
ein wunderschönes, blaues Einhorn.
Es ist die Waldkönigin.

„Ist das deine Mama?",
flüstert Rosa
dem kleinen Einhorn zu.
„Nein", erwidert es.

„Kleines Einhorn",
sagt die Waldkönigin.
„Du musst noch weitergehen.
Ich kenne deine Eltern nicht."

Zum Trost berührt sie
mit ihrem Horn
das Horn des kleinen Einhorns.

Rätsel 3   **Was ist richtig? Kreuze an!**

Rosa und das Einhorn suchen im

Wolf	Wald	Wand

Die Waldkönigin ist

blond	grau	blau

Sie berührt das Einhorn mit dem

Korn	Horn	Zorn

20

Findest du die fünf Unterschiede?

21

Am Meer

Hinter dem Wald ist das Meer.
Am Strand sitzen zwei Nixen.
Rosa erzählt ihnen von ihrer Suche.

Die Nixen rufen:
„Drei, zwei, eins – Einhorn komm!"

Sofort beginnt das Meer
zu gluckern und zu spritzen.
Aus dem Wasser taucht ein Einhorn,
durchsichtig wie aus Glas.
Es ist der Meerkönig.

„Ich habe vorhin
ein graues Einhorn gesehen",
schnaubt er.
„Es galoppierte Richtung Berge!"

„Das war bestimmt mein Papa!",
ruft das kleine Einhorn.
„Dann schnell!",
sagt der Meerkönig.

Aus dem Wasser steigt
eine große Muschel.
Rosa und das kleine Einhorn
setzen sich hinein wie in ein Boot.

Los geht's!
Die Nixen winken ihnen hinterher.

Rätsel 5 **Versteckte Wörter**

Findest du fünf Wörter?

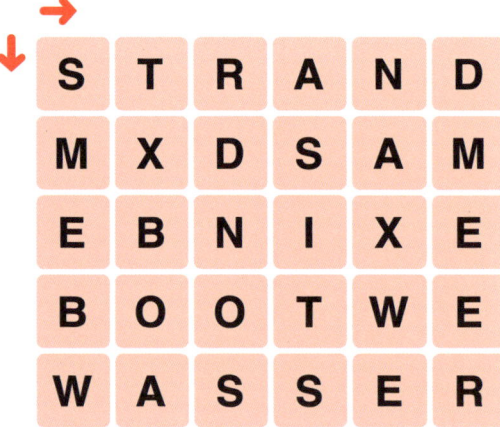

S	T	R	A	N	D
M	X	D	S	A	M
E	B	N	I	X	E
B	O	O	T	W	E
W	A	S	S	E	R

Bilderrätsel

Setze die Wörter zusammen!

▢▢▢ ▢▢▢▢

▢▢▢▢ ▢▢▢▢▢

▢▢▢▢▢▢▢ ▢▢▢▢

In der Höhle

„Ob wir da hinauf müssen?",
fragt Rosa.
Die Berge vor ihnen sind hoch.

Doch das kleine Einhorn
schnuppert am Boden.
„Eine Spur!", sagt es.

Die Spur führt zu einer Höhle.
Darin schnarcht jemand.
„Papa?", ruft das Einhorn.
Das Schnarchen hört auf.
„Jaaa?", kommt es zurück.

Was jetzt?
Rosa und das Einhorn
gehen in die Höhle hinein.

Hu, ist das dunkel!
„Gruselig!", flüstert Rosa.
Da beginnt das Licht
der Waldkönigin zu leuchten.

„Hoppla!", sagt der Drache,
der in der Höhle wohnt.
„Ihr seid aber nicht meine Kinder!"

Nein, das sind sie nicht.
Deshalb laufen die beiden
jetzt ganz schnell wieder hinaus.

Rätsel 7

Ganz schön spannend!

Ordne die Sätze den Bildern zu!

A) „Gruselig!", flüstert Rosa.

B) Die Spur führt zu einer Höhle.

C) „Hoppla!", sagt der Drache.

1   2   3

Folge dem Weg und sammle die Buchstaben!

Wohin will der Drache?

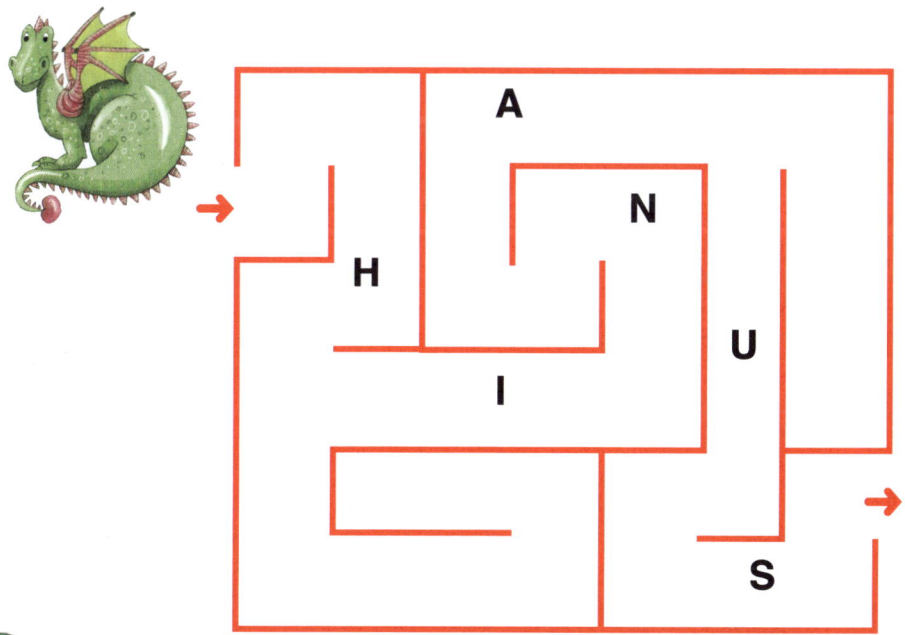

33

Über die Berge

„Hätten wir nur Flügel!",
keucht Rosa.
Sie und das Einhorn
klettern den Berg hoch.

Es ist steil.
Es ist anstrengend.
Beide sind schon sehr müde.

„Braucht ihr Hilfe?"
Rosa sieht sich um.
Über ihnen schwebt ein Einhorn
mit Flügeln: die Luftkönigin!

Das kleine Einhorn wiehert froh.
„Nimm uns mit!", ruft es.
„Ich will zurück zu meinen Eltern!"

Die Luftkönigin landet.
Rosa und das kleine Einhorn
klettern auf ihren Rücken.
Dann fliegen sie los.

Wie toll das ist!
Die Luftkönigin
trägt sie über die Berge.

Auf der anderen Seite
ist ein Tal mit vielen Blumen.
„Da!", wiehert das kleine Einhorn.
„Da bin ich zu Hause!"

Leserabe
Leserätsel

Welches Wort passt nicht in die Reihe?

fliegen, tanzen, klettern, Stuhl

Drache, Nixe, Lehrerin, Einhorn

blau, groß, gelb, rot

Wo leben Einhörner?

Ersetze die Bilder durch
die Anfangsbuchstaben!

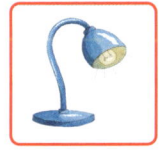   

Zu Hause

Kaum sind sie gelandet,
kommen schon zwei große
Einhörner angaloppiert.

„Mondlicht! Da bist du ja!",
rufen sie.
„Wir haben dich überall gesucht!"

Dann kommen die Eltern zu Rosa,
um sich zu bedanken.

„Besuch uns, wann immer
du willst!", sagen sie.
„Wir sind deine Freunde!"

Heute ist es schon spät.
„Ich muss heim",
sagt Rosa zum kleinen Einhorn.
„Aber morgen sehen wir uns wieder, ja?"

Mondlicht nickt
und schmiegt sich an seine Mama.

Mondlichts Papa nimmt Rosa
auf seinen Rücken und Rosa reitet
auf einem Einhorn nach Hause.

Rätsel 11   **Wie heißt das kleine Einhorn?**

Verbinde die Buchstaben in der richtigen Reihenfolge!

LI

ND

MO

CHT

Kennst du den Text?

Fülle die Lücken aus

Rosa ist eine

| | | I | | | E | | | I | |

(Seite 8)

Am Strand sitzen zwei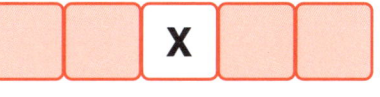

| | | X | | |

(Seite 22)

Die Spur führt zu einer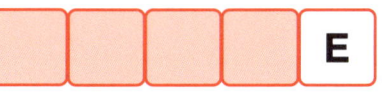

| | | | | E |

(Seite 29)

Am Meer

Im Wald

Im Garten

In der Höhle

Über die
Berge

Zu Hause

Usch Luhn

Unterwegs im Feenland

Mit Bildern von Betina Gotzen-Beek

Inhalt

Karli und Piri

Karli ist eine Wiesenfee.
Sie wohnt auf der Blumenwiese
und pfeift für ihr Leben gern.

Piri ist eine Dünenfee.

Sie ist manchmal ein bisschen ängstlich.

Ständig rieselt ihr glitzernder Sand
aus Kleidern und Haaren.

Auf der Blumenwiese

Die Fee Karli sitzt auf der Wiese
und hält ihr Gesicht in die Sonne.

Plötzlich spitzt sie die Ohren:
Weint da jemand?
Das Weinen kommt von dort,
wo die Gänseblümchen sind!

Und richtig!
Dort sitzt die kleine Fee Piri.
Sie schluchzt.

Piri hat sich nämlich verflogen.
Dabei muss sie doch
auf den Geburtstag
ihrer Ur-Ur-Ur-Oma!

„Kein Problem!"
Karli drückt Piri ganz fest.
„Ich bring dich hin."

„Kennst du den Weg
zu den Dünen?",
fragt Karli die Biene,
die neben ihnen summt.

„Durch den Zauberwald,
hinter dem Spiegelberg rechts",
nuschelt die Biene
und saust davon.

„Danke!", ruft Karli ihr nach.
Dann also auf
in den Zauberwald!

Wie heißen die beiden Feen?

Ersetze die Bilder durch die Anfangsbuchstaben!

56

Wo findet der Feen-Geburtstag statt?

Folge den Linien!

An der Brombeerhecke

Der Wald ist
von einer stachligen Mauer
aus Brombeeren umgeben.

Viel zu gefährlich
für zarte Feenflügel!
Wie kommen sie da durch?

„Hicks!", macht es in der Hecke.
Eine kleine braune Schlange lugt
zwischen den Sträuchern hervor.
„Betreten … hicks … strengstens …
hicks … verboten!"

Karli überlegt.
„Und wenn wir dich
von deinem Schluckauf befreien?"
Die Schlange strahlt.
„Könnt ihr das … hicks … denn?"

Karli geht ganz nah
an die Schlange heran.
Dann zieht sie eine Grimasse.
Waaaaah!

Die Schlange erschrickt
ganz fürchterlich.
Aber der Schluckauf ist weg!

Dafür zeigt die Schlange
den beiden Feen
einen geheimen Weg.

Rätsel 15

Ordne die Bilder den Sätzen zu!

A) Karli zieht eine Grimasse.

B) Piri schluchzt.

C) Eine kleine braune Schlange lugt zwischen den Sträuchern hervor.

1   2   3

Wie heißt es richtig?

Rätsel 16

Hicks!
Die Schlange hat Schluckauf, dabei sind
die Buchstaben durcheinandergeraten.

„Netrebet … hicks …
stenstrengs … hicks …
vertoben!"

Im Zauberwald

Huh, hier ist es aber dunkel!
Karli und Piri ist es
ein bisschen mulmig zumute.

Zwischen den dunklen Bäumen
und den knorrigen Ästen
leuchten ganz viele Augen!

Der Wald wird immer dunkler.
Und immer mehr Augen blitzen auf.
Piri schlottert schon vor Angst.

Ob das Monster sind?
Wenn es doch nur heller wäre!
Plötzlich fällt Karli etwas ein.
Sie kramt in ihren Taschen.
Da ist er ja!

Der Zauberstab von Tante Matilde!
Karli schwenkt ihn hin und her.
Und schwupps:
Er beginnt zu leuchten.
Puh!

Das sind ja gar keine Ungeheuer.
Zwischen den Büschen blinzeln Rehe.
Ein paar Kaninchen hoppeln davon.
Und in den Ästen hockt ein Uhu.

Rätsel 17 **Wer hat sich im Zauberwald versteckt?**

Suche drei Wörter!

J	E	M	S	I
O	R	E	H	L
F	A	B	T	M
G	H	A	S	E
E	U	L	E	K

Findet du die fünf Unterschiede?

Lösungen
Rätsel 17: Reh, Hase, Eule
Rätsel 18: Karli, Blume bei Piri, Hase, Eule, Pilz und Farn in der Mitte

69

Im Spiegelberg

Am Rand des Waldes steht
der große Spiegelberg.
„Hier ist ein Tunnel!",
ruft Piri.
Aufgeregt fliegt
sie voran.

Im Berg staunen beide
nicht schlecht.
Der ganze Berg ist aus Glas!

Alles spiegelt sich.
Mal ist Piri ganz lang,
mal Karli ganz breit.
Sie müssen lachen.

Aber wo geht es hinaus?
Da hören sie es zwitschern.
Ein Vogel!
Das kommt von draußen.

Zum Glück kann Piri pfeifen.
Sie pfeift ein Lied
und der Vogel antwortet.
Karli und Piri hören ganz genau zu.

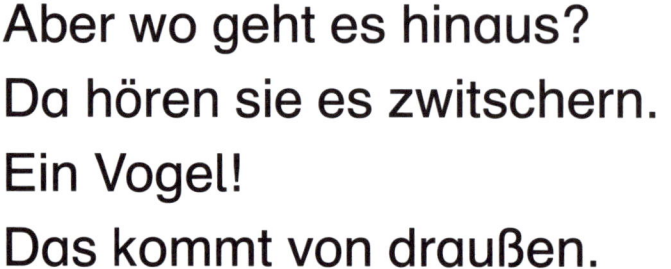

Sie fliegen dorthin,
wo das Gezwitscher lauter wird.
Und noch lauter.
Endlich haben sie es geschafft!
Da vorne ist der Ausgang!

Leserabe
Leserätsel

**Lustig ist es im Spiegelberg!
Kannst du die Wörter lesen?**

Tipp: Nimm einen Spiegel!

Wald

Glas

Vogel

Lied

Gezwitscher

Welches Wort passt nicht in die Reihe?

> Wald, Wiese, Berg, Hose

> Biene, Schule, Schmetterling, Vogel

> Sonne, Regen, Kuchen, Schnee

Am Fluss

Hinter dem Fluss kann Karli
die Dünen entdecken.
Dort müssen sie hin!

Leider ist der Fluss sehr breit.
Und wild.
Piri hat Angst, hineinzufallen.

Am Ufer sitzt ein roter Krebs.
Ob der sie ans andere Ufer bringt?
Aber der Krebs hat schlechte Laune.
Er schüttelt den Kopf.

„Mir hilft ja auch keiner",
grummelt er.
„Dabei wäre ich so gerne grün.
Von Rot bekomme ich
schreckliche Kopfschmerzen."

„Du Armer!", ruft Karli.
„Ich kann dir helfen!"
Sie zückt ihren Zauberstab.

Und schwupps:
Der Krebs ist grün,
grün wie ein Frosch.
Zum Dank
bringt der grüne Krebs
Piri und Karli
ans andere Ufer.

Leserabe
Leserätsel

Rätsel 21 **Was ist richtig?**

Hinter dem Fluss sind die

| Dünen | Dummen | Daunen |

Der Krebs hat schlechte

| Läuse | Laune | Laute |

Der Krebs ist grün wie ein

| Fuchs | Frost | Frosch |

Wo kommt die Krabbe an, wenn sie nur auf Steine mit Q oder q tritt?

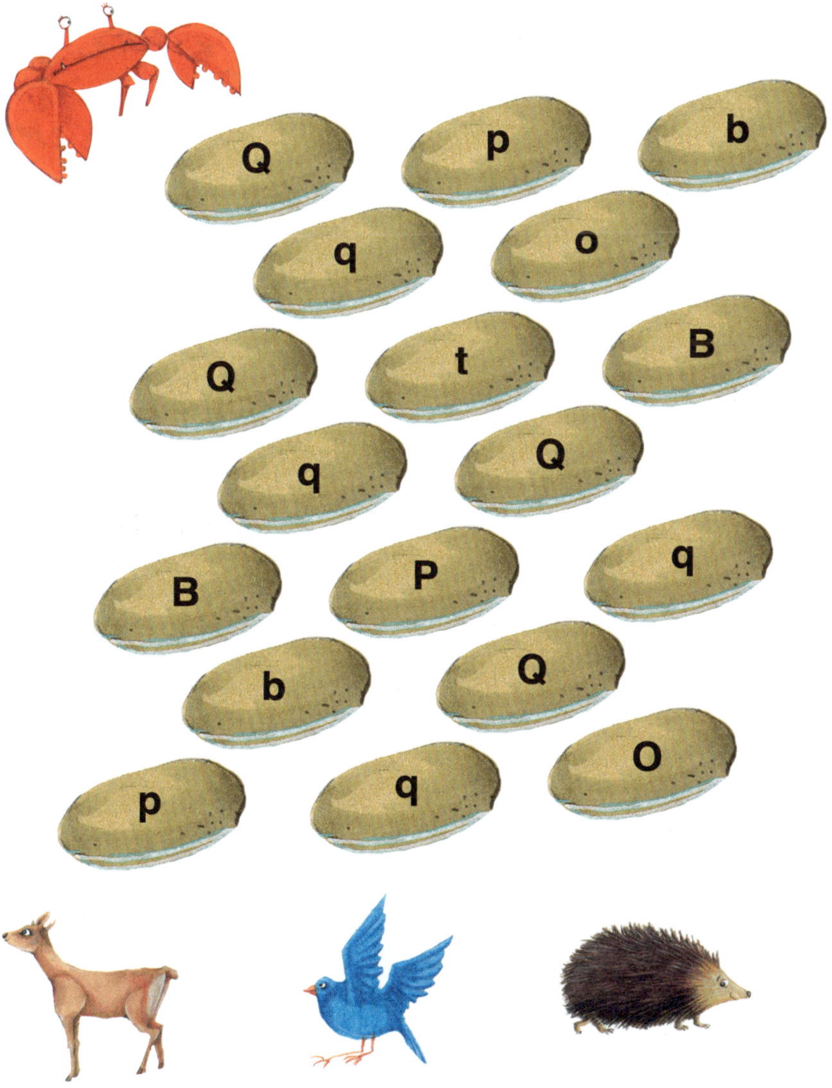

Q p b

q o

Q t B

q Q

B P q

b Q

p q O

In den Dünen

Das Fest für die Ur-Ur-Ur-Oma
hat gerade begonnen.
Überall hängen bunte Lampions.
Es gibt Blaubeer-Torte.
Und Limonade für alle.

Alle Feen singen
und tanzen fröhlich.
Am wildesten tanzen Karli und Piri.

Plötzlich ist Karli ganz schön müde.
Wie kommt sie denn nun zurück?

Piri tuschelt mit Ur-Ur-Ur-Oma.
„Kein Problem!", ruft sie dann.
„Herbert bringt dich heim!"

83

Herbert ist ein großer Kauz.
Karli kuschelt sich in sein Gefieder
und schon heben die beiden ab.

„Bis bald, Karli!"
Piri winkt hinterher
und wirbelt tüchtig
Sand auf.

„Bis bald, Piri!",
ruft Karli vergnügt.
„Mit dir kann man
richtig was erleben!"

Rätsel 23 | **Welche Ausschnitte passen nicht?**

Zwei Ausschnitte sind falsch!

1   2   3   4   5

86

Kennst du den Text?

Fülle die Lücken aus!

Überall hängen bunte

| | A | | | I | | | |

. (Seite 82)

| | | R | | |

ist ganz schön müde.

(Seite 83)

Herbert ist ein großer | | | U | | .

(Seite 84)

Im Zauberwald

An der Brombeerhecke

Auf der Blumenwiese

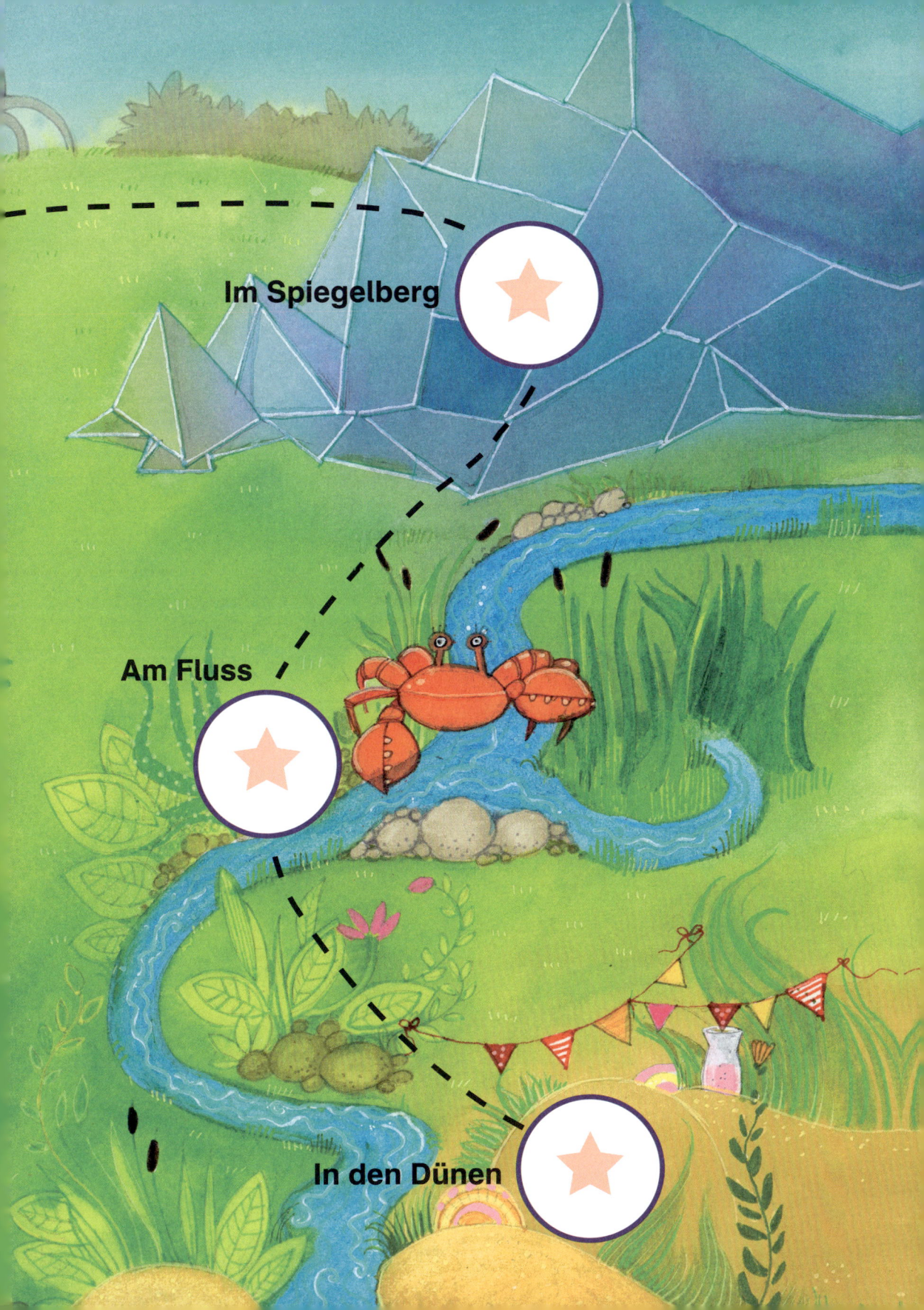

Im Spiegelberg

Am Fluss

In den Dünen

Rätsel für die Rabenpost

Hast du die versteckten Buchstaben in den Bildern der Geschichten entdeckt?

In jedem Kapitel findest du **einen** Buchstaben.

Trage die Buchstaben der Reihe nach in die Kästchen ein.

So findest du die Lösungswörter für die Rabenpost heraus.

Lösungswörter

Rosa und das Einhorn:

und

Unterwegs im Feenland:

Hast du die Lösungswörter herausgefunden?
Dann kannst du jetzt tolle Preise gewinnen.

Gib die Lösungswörter auf der -Website
www.leserabe.de ein oder schick sie mit
der Post an folgende Adresse:

An den Leseraben
Rabenpost
Postfach 2007
88190 Ravensburg
Deutschland

**Bitte frage
deine Eltern!***

An
den LESERABEN
RABENPOST
Postfach 2007
88190 Ravensburg
Deutschland

Leserabe
Lesen lernen mit Spaß! 1. Klasse

Mit Büchern, memory®, Puzzle, Quartett und vielem mehr

6 – 8 Jahre

ISBN 978-3-473-46344-2

Der Leserabe bereitet Erstklässler aufs Lesenlernen vor. Die Box begleitet Kinder durch die gesamte 1. Klasse.

Drei Bücher zum Lesen und Rätseln
1 Buch Mildenberger Silbenmethode,
1 Rätselheft, 1 Mini-Buch

Silben-Quartett
mit 32 Karten

Wörter-memory®
1 memory® mit
28 Karten

ABC-Poster

Stickerbogen
mit 9 Stickern

2 Ausmal-Postkarten

Leseraben-Puzzle
mit 54 Teilen

ERZ 24 006

Sowie: 1 Türschild, 1 Leselineal, 1 Leseraben-Papierfigur, 1 Elternbroschüre mit Tipps zum Lesenlernen

Leichter lesen lernen mit der Silbenmethode

ISBN 978-3-473-**46230**-8*
ISBN 978-3-619-**14603**-1**

ISBN 978-3-473-**46275**-9*
ISBN 978-3-619-**14341**-2**

ISBN 978-3-473-**46194**-3*
ISBN 978-3-619-**14452**-5**

ISBN 978-3-473-**46193**-6*
ISBN 978-3-619-**14602**-4**

ISBN 978-3-473-**46231**-5*
ISBN 978-3-619-**14344**-3**

ISBN 978-3-473-**46274**-2*
ISBN 978-3-619-**14606**-2**

ISBN 978-3-473-**38556**-0*
ISBN 978-3-619-**14609**-3**

ISBN 978-3-473-**38553**-9*
ISBN 978-3-619-**14447**-1**

ISBN 978-3-473-**38568**-3*
ISBN 978-3-619-**14481**-5**

ISBN 978-3-473-**38565**-2*
ISBN 978-3-619-**14480**-8**

ERZ_23_004

** **Gebundene Ausgabe** bei Mildenberger   * **Broschierte Ausgabe** bei Ravensburger

Leserabe

Lesen lernen wie im Flug!

Mit dem Leseraben vom Lesestarter zum Leseprofi

Vor-Lesestufe
Ab Vorschule

ISBN 978-3-473-46273-5

ISBN 978-3-473-46315-2

ISBN 978-3-473-46282-7

ISBN 978-3-473-46317-6

1. Lesestufe
Ab 1. Klasse
kurz+ leicht

ISBN 978-3-473-46313-8

ISBN 978-3-473-46352-7

1. Lesestufe
Ab 1. Klasse

ISBN 978-3-473-46099-1

ISBN 978-3-473-46287-2

ISBN 978-3-473-46318-3

ISBN 978-3-473-46025-0

2. Lesestufe
Ab 2. Klasse

ISBN 978-3-473-46059-5

ISBN 978-3-473-46057-1

ISBN 978-3-473-46028-1

ISBN 978-3-473-46283-4

ERZ 24 005